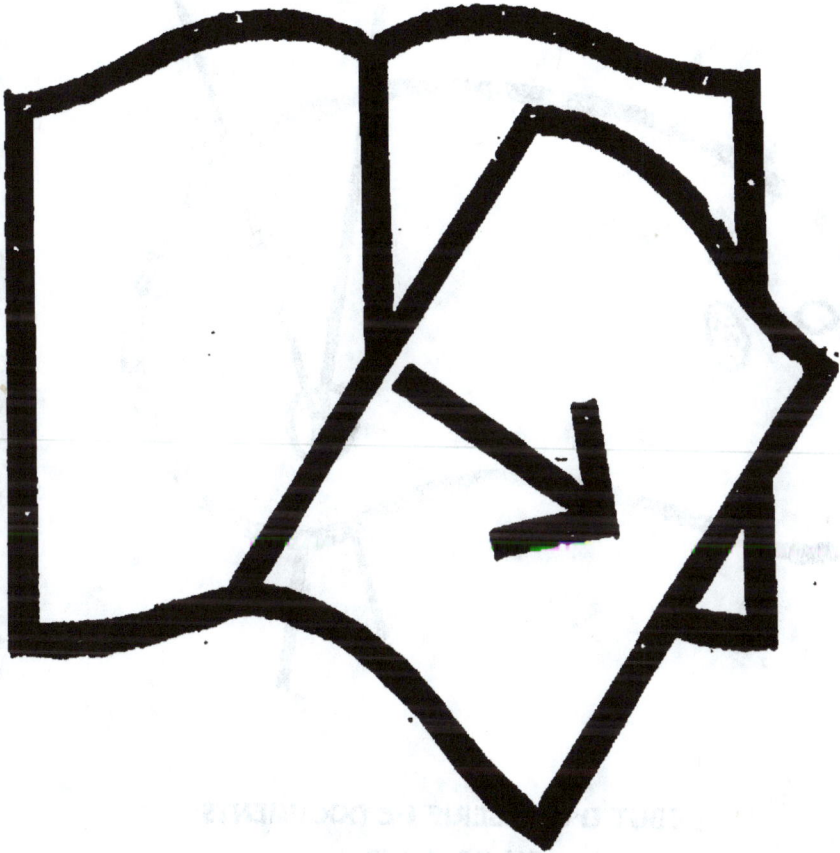

Couverture inférieure manquante

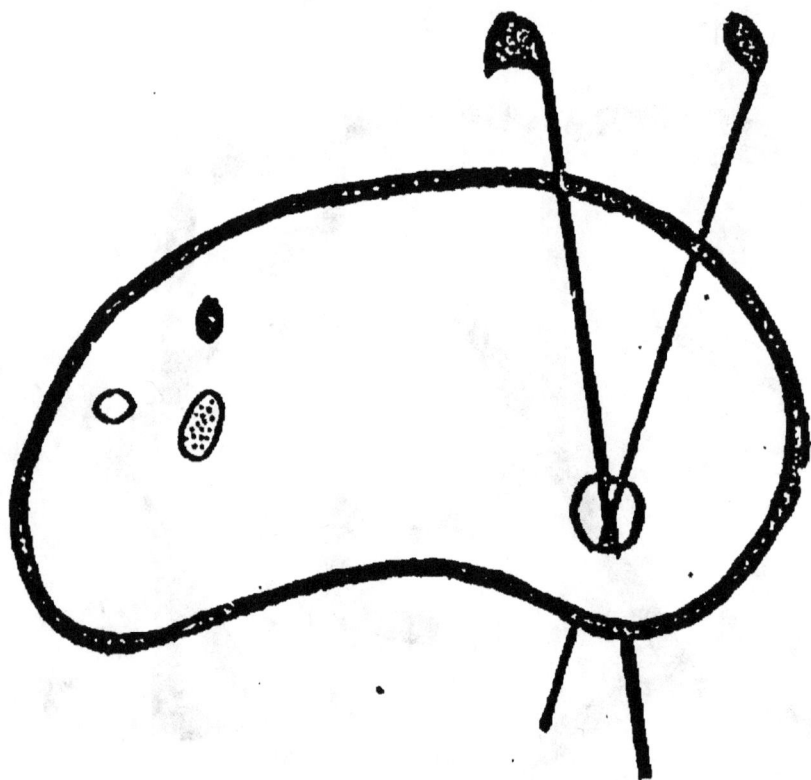

DEBUT D'UNE SERIE DE DOCUMENTS
EN COULEUR

QUARTIERS DE LA CAVALERIE
ET DU SAINT-ESPRIT.

RÉHABILITATION

DE LA

PLACE LAMARTINE

APPEL DU PEUPLE

A L'EDILITÉ ARLESIENNE

ARLES
Imprimerie Dumas et Dayre, rue du Forum.
1864

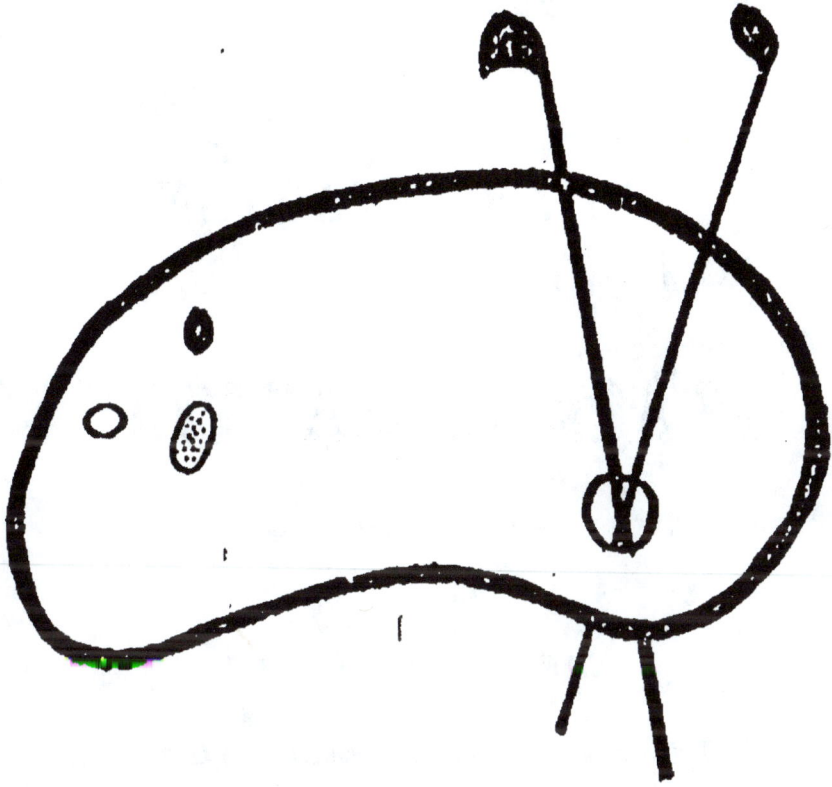

FIN D'UNE SERIE DE DOCUMENTS
EN COULEUR

QUARTIERS DE LA CAVALERIE

ET DU SAINT-ESPRIT.

RÉHABILITATION

DE LA

PLACE LAMARTINE

APPEL DU PEUPLE

A L'ÉDILITÉ ARLÉSIENNE

ARLES

Arles, Imprimerie Dumas et Dayre, rue du Forum,
1861.

RÉHABILITATION

DE LA

PLACE LAMARTINE

APPEL DU PEUPLE

A L'ÉDILITÉ ARLÉSIENNE

Les habitants des quartiers de la Cavalerie et du St-Esprit

à Messieurs

les Maire et Membres du Conseil Municipal

d'Arles-sur-Rhône,

MESSIEURS,

Les villes d'une certaine importance, comme la nôtre, ont des quartiers plus ou moins recherchés par le commerce et l'industrie, suivant les accidents de leur construction ancienne et les appropriations nouvelles créées par l'administration locale.

Le privilége de la position a, pour première conséquence, de donner une plus grande valeur aux immeubles et, ensuite, de favoriser l'activité industrielle sur ces points recherchés en procurant aux propriétaires des loyers plus élevés et au commerçant des bénéfices nombreux et assurés. Ces résultats se rencontrent partout, dans des situations identiques.

La ville a Arles a eu longtemps un quartier spécialement favorisé, celui de la place des Hommes. Les magnifiques hôtels du Nord et du Forum, les cafés de première classe (s'il est permis de parler ainsi quoique distancés aujourd'hui) qui l'entourent, les établissements de toute nature qui occupent et remplissent jusqu'à la moindre façade, sa place spacieuse, celle du Plan-de-la-Cour qui l'avoisine, l'hôtel-de-ville qui est toujours un centre principal, sans parler de la place Royale qui en est une annexe, avaient fait de ce point central le quartier le plus fréquenté, le plus recherché, le plus vivant et le plus heureux pour ses habitués.

Depuis la création de la rue du Wauxhall, la place des Hommes a notablement décliné. Si ses hôtels et le café du Forum où se traitent les affaires de nos ménagers n'y ont rien perdu, tout le reste en a gravement souffert.

Nous venons de parler de la rue du Wauxhall ; nous devons nous y arrêter quelques instants. Cette artère nouvelle, ouverte depuis deux ans, a créé le déplacement le plus considérable qui ait jamais eu lieu chez nous. Rendons justice à celui qui en a eu à la fois la première pensée et qui a concouru si puissamment à son exécution, à M. Guiguet, dont la rue, n'en déplaise à qui que ce soit, devrait porter le nom. — Le faubourg *Cornillon* ne porte-t-il pas avec raison le nom de son fondateur?..

Cette voie de communication à grande section, éminemment utile et complétant la circulation si imparfaite de la rue du Marché-Neuf, a donné lieu immédiatement à la création d'une foule d'établissements parmi lesquels on distingue les grands cafés *Puech* et *Comte*, rendez-vous de la société arlésienne, s'ajoutant à un autre établissement plus considérable encore qui les a précédés, le café *Dalard*. C'est là que toute notre population bourgeoise et ouvrière s'ébat dans les longues soirées d'hiver comme dans celles de l'été, lorsque le Château-des-Fleurs, placé dans la même zone, ne leur ravit pas accidentellement un personnel friand de bonne musique et de délassements comiques.

Si les établissements attirent, c'est parce que le lieu a été admirablement préparé et de longue main pour cela; la grande place du Marché-Neuf, les promenades de Crapponne, les boulevards Moreau et des Aliscamps, la Croisière, notre caserne monumentale et ce charmant oasis commencé par le Maire Moutet, continué et caressé par Bosq, agrandi et embelli par M. de Chartrouse, tout appelle au plaisir; tout attache et saisit, comme le théâtre qui est le complément de ce luxe d'attraits que nous devons au Maire Boulouvard.

Ce n'est pas tout : après les délicieuses retraites ménagées aux hommes de travail et de loisir, viennent les champs de la spéculation. Le plus grand commerce du pays, celui des agneaux, des moutons et des brebis se traitent dans ce quartier, sur les Lices et le Marché-Neuf. Tout ce que les plus grandes foires locales comme celles des 3 et 20 mai de chaque année, attirent de spectacles ambulants, de marchands forains de toute nature prend place aux mêmes lieux et forment, pendant des semaines entières, un groupe considérable et permanent qui attire toute la ville par la curiosité comme par le besoin des emplettes. — Les troupeaux, principale richesse du pays, donnent lieu à des transactions considérables.

Rien n'est exagéré en ceci ; nous ne faisons, en quelques mots, que mettre en souvenir tout ce que chacun de nous voit ou a vu de ses propres yeux. A ce sujet, il est vrai de dire, sous une autre forme, que toute la vie commerciale et industrielle de la ville d'Arles, toutes ses surexcitations d'activité, toutes ses transformations modernes, tous ses avantages, tout son luxe, tous ses agréments, tous ses plaisirs sont concentrés dans ce quartier. C'est, si l'on nous permet de le dire, l'enfant gâté, le joujou de l'administration, son objet de prédilection, — c'est plus que la Chaussée-d'Antin ou le faubourg Saint-Germain du lieu, c'est le point de la cité privilégié par excellence, le quartier de la féodalité bourgeoise, qui éclipse tous les autres qu'il affaiblit insensiblement et ruine. . . .

Loin de nous la pensée de trouver mauvais qu'on amé-

l iore, qu'on embellisse, qu'on progresse enfin. Là n'est
pas la question. Personne plus que nous n'applaudit à de
tels résultats que nous sommes loin de trouver aussi déve-
loppés qu'ils devraient l'être....

Mais voyez la pensée qui domine ! Si , en ce moment,
on crée à grands frais, un nouveau château-d'eau pour
compléter le système du si regrettable Chauchard, c'est,
en grande partie encore, pour établir des jets d'eau dans
le quartier du Marché-Neuf. On en fera sans doute
ailleurs ; mais le Marché-Neuf sera traité en petit Ver-
sailles et le reste en soldat rationné.

Une nouvelle foire de bêtes à cornes et à graisse vient-
elle d'être obtenue à la suite des efforts de M. Cézan,
notre ancien Sous-Préfet, c'est encore pour en doter le
Marché-Neuf. Toujours, toujours le Marché-Neuf ! est-
ce juste?

Il y a un quartier dont on ne parle jamais et dont le
seul établissement se révèle par une ancienne poisson-
nerie étroite, mal-saine ; quartier sans places dignes de
ce nom, sans circulation qu'on puisse appeler convenable,
sans air dans la plupart de ses groupes de maisons,
sans embellissement aucun , avec une église qu'il faut
aller chercher dans un carrefour, avec des rues nom-
breuses sans eau, avec des égouts mal entretenus, etc.,
Nous n'avons pas besoin de l'appeler par son nom : tout
le monde reconnaîtra *la Roquette*. --- Il est vrai que
c'est le quartier de la marine ; qu'il a le privilège du

Rhône et de ses quais. Mais la Roquette ne renferme pas seulement des marins. La moitié, à peu près, de sa population rentre dans la classe des travailleurs ordinaires, surtout depuis que le chemin de fer a écrasé son cabotage et que ses 130 voiles ont été réduites à peu près au tiers de ce chiffre. Il y a donc là comme ailleurs des citoyens qui payent la dette du sang et de l'argent et qui ont droit aux faveurs communes. Pourquoi sont-ils déshérités ?...

Pour nous, habitants du quartier du Saint-Esprit dit de la Cavalerie, qui venons aujourd'hui plaider particulièrement notre cause, nous n'entendons être ni jaloux, ni égoïstes. Nous sommes et nous serons toujours heureux du bien qu'on fera à la cité ; mais un sentiment de justice nous porte à désirer que ce bien ne retombe pas toujours sur les mêmes ; et nous réclamons une distribution plus équitable des moyens qui favorisent la distribution de la fortune publique.

Si le Marché-Neuf est bien posé à l'avenue de la Crau, du Plan-du-Bourg et de la Camargue, le quartier de la Cavalerie, qui est la véritable façade d'Arles, offre les mêmes avantages à la Crau, au Plan-du-Bourg et à la Camargue par le beau chemin orné de promenades, qui longe le cimetière et le chemin de fer.

La Cavalerie a d'autres aboutissants immédiats par les routes de Tarascon, de Fontvieille et des autres communes situées sur le versant des Alpines et auxquelles il faut ajouter Saint-Remy.

Sous le rapport des arrivages l'avantage, est donc entièrement pour notre quartier.

La place de la Cavalerie est, en outre, sans cesse sillonnée par les omnibus qui versent au chemin de fer qui les remplit à son tour dix fois par jour. — Il y a donc, sur cette place, une animation constante et forcée, accrue par les marchandises portées au chemin de fer, apportées de celui-ci à la ville, qui n'existe pas ailleurs.

Nous avons déjà la caserne de Gendarmerie, des auberges, des cafés, un faubourg nombreux qui ne demande qu'à s'étendre pourvu qu'on accroisse son contingent de vie.

Nous possédons la plus belle et la plus vaste place de la cité, lorsqu'elle aura été régularisée à peu de frais. On doit regretter que son parallélogramme ait été si mal compris par l'agent-voyer de la cité....

La place de la Cavalerie, qui a pris le nom de place *Lamartine*, doit subir les changements suivants : 1° abattre ce qu'on appelle les bosquets en enlevant les quelques arbres galeux et vermoulus qui sont censés les ombrager ; — 2° abaisser ces bosquets en les mettant de niveau avec la place dont ils font partie, — 3° achever de recouvrir la roubine du Roi jusqu'au Rhône ; — 4° abattre le vieux mur qui abrite un ancien chemin de ronde ; — 5° faire disparaître les glacières qui ne conservent aucune glace, malgré les dépenses qu'on y affecte

chaque année ; — 6° et abattre ces deux tours déman-
telées qui rétrécissent l'entrée de la ville, et qui, à notre
sens, n'ont rien de digne de conservation, malgré l'opi-
nion contraire mais assez mal établie de nos savants
archéologues. — On déblayera jusqu'à la rue St-Isidore
et l'on prendra le parti de reléguer extrà-muros tous ces
lupanars que la confection des quais du Rhône ne permet plus de tolérer où ils sont.

Cela fait, on aura, PLACE LAMARTINE, un emplacement plus régulier, plus spacieux et qui dépassera de
beaucoup la superficie du Marché-Neuf.

Sera-t-on arrêté par la considération de la dépense?
nous répondrons de suite que, sans être ingénieurs, nous
pensons que les terrains à bâtir que la ville aurait à
vendre, au midi de la roubine recouverte, pour des
établissements publics, couvriraient, au-delà, toutes les
dépenses. Nous en ferons le compte à nos Ediles quand
ils le voudront. — Cela ne fût-il pas, nous ne verrions pas
pourquoi on ne sacrifierait pas pour la place Lamartine
autant qu'on en a employé à un petit jardin public,
miniature du rocher avignonnais, agréable sans doute,
quoique beaucoup moins utile que ce que nous réclamons.

Là ne doit pas se borner le travail d'appropriation.
Pour le rendre aussi complet que possible, *quant à
présent*, il faut agrandir la place du Saint-Esprit, y établir
un marché hebdomadaire, avec fontaine jaillissante,

comme on le fera sur la place Lamartine. — L'agran-
dissement de la place du Saint-Esprit pourra être
commencé par la démolition de quelques maisons qui
la séparent de la rue des Ménagers. Au lieu de dépenser
exclusivement pour nos vieux monuments, qui peuvent
attendre, on emploiera les fonds disponibles à des œuvres
plus immédiatement utiles. — Songeons à ceux qui
vivent avant de ressusciter et d'embellir les morts...

Les choses amenées à ce point, le quartier de la Cavalerie peut offrir tous les avantages du quartier du Marché-
Neuf et *au-delà*. Espaces vastes pour les troupeaux dans
l'avenue qui commence au moulin de Payan et aboutit à
la place Lamartine, — développements considérables
sur cette place pour le Marché aux mules, aux ânes, aux
chevaux, etc. — emplacements spacieux pour les baraques
et spectacles de circonstance, — remises, écuries, hôtels,
auberges, cafés déjà prêts et plus commodes qu'au Marché-Neuf, sans compter tout ce qui pourra s'établir. Il y
a donc déjà plus que le Marché-Neuf ne donne aux
besoins d'une foire, plus de commodités réelles, s'il n'y
a pas autant de reposoirs pour le plaisir et l'oisiveté
qu'on en compte au Marché-Neuf.

Mais ce n'est pas un embellissement stérile que nous
sollicitons. Si la faveur des lieux a amené au Marché-
Neuf des édifices somptueux, nous, qui possédons aussi
l'emplacement le plus favorable, nous ne sollicitons de
l'autorité aucun luxe, mais seulement les travaux prépa-
ratoires à la construction de ce que la spéculation parti-

culière pourra élever sous l'œil du contrôle public. On fera, *place Lamartine,* ce qu'il est imposssible d'exécuter ailleurs.

Ce que fera l'administration, disons-nous, ne doit point être et ne sera pas stérile. A la disposition des lieux, doit succéder ce qui remplira leur destination. Ce n'est point une place exclusivement affectée aux promeneurs, aux oisifs que nous ambitionnons, mais un terrain propre à recevoir à des époques déterminées tout ce que comporte une foire, un marché et les divertissements qui leur servent de cortége.

En d'autres termes, nous demandons que toutes les foires si importantes qui se tiennent sur la place du Marché-Neuf, soient partagées entr'elle et la place Lamartine. Nous ne voulons pas dépouiller notre aînée ; c'est elle au contraire qui nous dépouille en ce moment. Nous demandons une restitution, c'est-à-dire l'abaissement de son privilége pour devenir deux sœurs parfaitement unies et égales. Qu'y a-t-il à redire? — Il n'y a point de droit d'aînesse de quartier à quartier....

Au lieu d'un beau quartier dans Arles, il y en aura deux ; et si un troisième revendique pour lui, avec autant de raison et de justice que nous, la protection de l'autorité, nous n'y mettrons aucun obstacle : le soleil luit pour tous.

Une occasion heureuse vient s'offrir pour nous comme

préliminaire à toutes nos demandes ; c'est de prescrire dès ce jour que le nouveau marché aux bœufs, cochons, moutons, etc., sera ouvert sur la place Lamartine. Ce prélude ne sera vu avec jalousie par personne ; il ouvrira naturellement l'ère nouvelle sans trouble et prouvera que notre administration, qui ne peut pas vouloir autre chose que d'équilibrer ses bienfaits, n'est animée que du seul esprit accepté par le bon sens public, l'esprit de justice. — Le reste viendra de soi.

Qu'en même temps, l'administration sollicite un marché aux blés. Notre quartier offre pour cela un emplacement qui n'est pas ailleurs, et qu'on rencontre le long du vieux rempart, courant de la Porte-Agnel jusqu'au retour de la roubine du Roi : lui aussi est indispensable et pour les blés et pour les farines. — C'est à de telles conditions qu'on progressera. — Plus tard, nous nous expliquerons sur le reste.

Nous en dirons autant pour un lavoir public qui, pendant les temps de foire, servirait d'abreuvoir aux troupeaux et qui a sa place marquée dans l'espace régularisé qui court de Portagnel à la route d'Arles à Salon.

En inaugurant de telles choses, notre administration

14

prouvera qu'elle est remplie de l'intelligence des intérêts du pays et qu'elle sait leur donner la satisfaction légitime qui leur est due.

Nous sommes avec respect,

Messieurs,

Vos très-humbles et très-obéissants serviteurs.

Arles-sur-Rhône, 29 juin 1864.

Bonhomme, — Guiguet, — Marius Chéris, — Thibert, — Guillaume Vincent, — Louis Grenier, — Etienne Chéris, — Alexandre Vauriot, — J. Maigre, — Clama-girand, — Cabret, — Meynier, — Maus, — Galleron père, — Louis Vénissac, — Perret, — Cartier, — Bou-coyran, — Claude Rey, — Rousset, — Gevaudant, — Marius Valle, — Pierre Gilles, — Genin, — Saint-Martin, — Arnaud fils, — Fortuné Guinot, — Bousquet, — Michel Teissier, — Mannj, — Despès, — Reynaud, fils aîné, — Barjavel, — François Caizergues, — Trioncey, Cartier, aîné, — Roche, — Roman, — Donnadieu, — Vincent Perrier, — Jules Verseils, — Arnaud, — Marius

Rey, — Delmas, — Elzéard Cossier, — Imbert, père, — Ch. Raynaud, aîné, — David, — Mee Chastroux, — Valladon, — Etienne Martin, — Charles Mouret. — E. Chieusse, — Joseph Ferrier, — Minaud, père, — Minaud, fils, — Paul Bayle, — Etienne Renaud, — Honorat Bompuy, fils, — Claude Bompuy, père, — Albaric, — B. Moreau, — Ferland, — Marie Chastroux, — Marie Ferrier, — Ble Chabaud, — Chenillon, — Auguste Lazert, — Vincent Cartellier, — Charles Aubert, — Cour, — Jourdan, — Joseph Ferrier, — Gros, — Guillaume Dumaine, — Jacques Labougie, — Renaud, fils, — Romans, — Loubeaud, — Joseph Borel, — Louis Guiot, — Hippolyte Imbert, — Manson, fils, — Barbezier, — Bènes, jeune, — Segond, — Arnaud, — Artaud, — Rouvarey, — Orgeas, — Mandin, — Robolly, — Durand, — Bourdelon, — Michel Barjavel, — Dau, — Louis Salvé, — Rigaud, — Toufany, — L. Gilles, — Belleydy, aîné, — Arnaud, — Pierre Rey, — B. Rey, — Roman, — Ludovic Roman, — H. Roman, — Ant. Roman, — Vérua, — Aurant, — Anselme, — Henri Cambon, — Honoré Imbert, — George, — Andron, — Granier, — Génin, — Désirat, — Pasquet, — Charles, — Imbert, — Violant, — Ressoir, — Bonnet, — Porté, — Jean Douriol, — Gaspard Vourino, — Guillaume Jullian, — Fontaine, — Rivas, — Caizergues —

Roussel, — Joseph Mus, — Mlle Lombard, — Joseph
Clamour, — Faure, — Orgeas-Damel, — Polinice Ray-
naud, — P. Marin, — Sautet, — Pierre Mathieu, —
Marius Viou, — Auguste Bertier, — Jean Burpini, —
Rey, — Boutut, — Pommier-Labouret, — Mathieu Thes-
sons, — B. Escoffier, — B. Frison, — Roux, — Gas-
pard Bernard, — Etienne Isaac, — Hurau, — Nouton-
Alexis Frégier, — Noutaunne Duprat, — Louis Faucon,
— Dhorré, — Jean Flèche, — Louis Philipe, — Jules
Guigant, — Panilair, — Louis Gros, — Courtieux, —
Laugier, — Dervieux, — Trouche, — Corneille, — Gau-
tier, — Gauthié, — Martin, — Nozel, — Martin, —
Benoît Michel, – Joseph Graille, — Durand, — Aug.
Barjavel, — Claude Nay, — Balthazard, — Aubert, —
Donnet, — Orzol, — Pic, — Leprieur, — Fouquou, —
Roccassel, — Barjavel, — J. Teissier, — Pagel, —Pierre
Brun, — Clémence Laugier, —Marius, —Michel Girard,
— Pierre Michel, — Artaud, — A. Reboul.

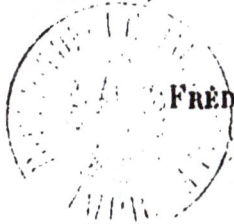

FRÉDÉRIC BILLOT.

Arles, Typographie Dumas et Dayré, rue du Forum.